Thomas Hesele

Die Weinjahrgänge Spanien Portugal

Die Anbaugebiete
seit 1970.

Ausgabe 2003

Umschlaggestaltung und Titelfoto
Jochen Eckermann, com4trade@web.de

www.Thomas.Hesele@gmx.de
Internet: www.thomas-hesele.de

Books on Demand GmbH, Norderstedt
Kleinostheim-Waldstadt / Vinarós 2003
ISBN: 3-8311-4779-5
Printed in Germany.

Inhaltsverzeichnis

Inhaltsverzeichnis

Inhaltsverzeichnis

Inhaltsverzeichnis:

Teil 2: Portugal

Einleitung

Der spanische Weinmarkt startet durch. Der portugiesische rüstet sich ebenfalls zum Aufbruch.. Die Dynamik der Entwicklung ist beispiellos. Private Erzeuger, aber auch Genossenschaften, egal ob Groß- oder Kleinbetrieb, investieren in die neueste Technik. Sie schaffen moderne, aber auch traditionelle Weine höchster Qualität. Natürlich bieten die meisten Genossenschaften nach wie vor ordentliche Weine für den Alltagsgebrauch. Tatsache aber ist, daß viele Erzeuger, selbst Kleinbetriebe, dazu übergehen, eigene "Marken und Direktvertriebswege für ihre Weine zu schaffen. Dazu kommt noch eine Vielzahl an Boutique-Weinen, die in kleinsten Mengen höchsten Qualitätsansprüchen genügen wollen. Das führt zu einem breiten, leider auch immer unübersichtlicheren Angebot an guten Tropfen. Es wird immer schwieriger, den Überblick zu behalten, und erst recht für Neueinsteiger sich einen Überblick zu verschaffen.

Einleitung

Spaniens und Portugals ausgeglichenes Klima führt bei den Jahrgängen nicht zu den extremen Unterschieden wie z.B. in Deutschland oder Frankreich. Aber auch in Spanien und Portugal treten von Jahr zu Jahr beträchtliche regionale Qualitätsschwankungen auf. Und die Qualität eines Weines hängt nun mal in ganz deutlichem Maß von den klimatischen Randbedingungen des betreffenden Jahres ab.

Ältere spanische oder portugiesische Jahrgänge sind im Handel rar. Die Zahl der (noch) trinkbaren (und falls noch trinkbar, bezahlbaren) Tropfen ist relativ gering. Deshalb habe ich mich aus praktischen Erwägungen entschlossen, in diesem Handbuch mit dem Jahrgang 1970 zu beginnen. Teilweise konnte ich auch Jahrgänge vor der Anerkennung als D.O.-Anbaugebiet ermitteln. Als Quelle dienten die Angaben der Consejos Reguladores, Pressemitteilungen, Herstellerangaben und natürlich eigene Recherchen. Ich habe aus dieser Flut von Daten versucht, eine relativ sichere, übersichtliche Zusammenfassung herzuleiten. Zweck meines Handbuches soll es sein, Ihnen eine klare Entscheidungs- und Ein-kaufshilfe zu bieten.

Die Alltagsweine weisen in der Regel eine eingeschränkte Lagerfähigkeit auf. Oft gelangen diese ohne Jahrgangsbezeichnung auf den Markt. Die Angabe “3° Ano oder “5°Ano auf dem Etikett sagt beispielsweise in Spanien aus, daß der Wein im 3. bzw. 5. Kalenderjahr nach der Lese abgefüllt wurde. Dies läßt natürlich den Jahrgang an sich und den Zeitraum der Flaschenreife völlig offen. Wer also Qualitätsweine kauft, sollte wissen, welcher Qualität die Jahrgänge in den betreffenden Anbaugebieten waren. Das schützt Sie vor bösen Überraschungen. Insbesondere dann, wenn man die Weine noch einige Zeit einlagern möchte. Das macht durchaus Sinn: Viele südländische Tropfen, vor allem die Roten, gelangen jung und ungestüm in den Handel.

Besonders den im Eichenfaß ausgebauten Weinen tut es gut, noch einige Jahre auf der Flasche im Keller zu schlummern. Dies setzt allerdings eine gewisse Lagerfähigkeit voraus, für die wiederum die Qualität des Jahrganges wesentlich ist.

Ich hoffe, Ihnen mit meinem kleinen Handbuch eine praktische Hilfe für Ihre Entscheidungen beim Weinkauf anbieten zu können.

Salud!

Teil 1

Spanien

Einführung Spanien

Im Jahr 1926 wurde für die Weinbauregion Rioja ein Reglement für eine D.O. (Denominacion de Origen), also eine gesetzlich geschützte Herkunftsbezeichnung festgelegt.

Damit wurden aber nicht nur die geographischen Grenzen, innerhalb derer der Wein gewachsen und letztlich auch ausgebaut sein muß, bestimmt. Die D.O. Festlegung regelt vor allem auch Qualitätsstandards, wie beispielsweise typische Rebsorten, Pflanzdichte und damit auch den Ertrag, Anbau- und Ausbaumethoden, Rebschnitt sowie Grenzwerte für Alkoholgehalt, Zuckeranteil, und Säure des Weines.

Die regionalen Weinbauverbände wiederum stellen die Consejor Reguladores, eine Art Kontroll- und Aufsichtsrat, der über die Einhaltung der im Rahmen der D.O. festgelegten Regeln und Vorschriften wacht.

Dieser Consejo Regulador setzt sich aus einem vom Landwirtschafts- und Handelsministerium gestellten Vorsitzenden und stellvertretenden Vorsitzenden, von Vertretern der Weinbauern, der Bodegas und Erzeugerbetriebe sowie Vertretern des Weinhandels zusammen.

Andere Regionen zogen schnell nach. Heute beanspruchen rund 100 Weinregionen Spaniens einen "Herkunfts-Status .

Seit 1972 steuert ein zentrales Gremium, das Instituto Nacional de Denominacion de Origen (INDO), von Madrid aus landesweit die Consejos Reguladores..

Einführung Spanien

In Spanien gilt folgende Klassifizierung:

Vino de Mesa

Einfache Landweine ohne Herkunfts-/Jahrgangsbezeichnung.

Vino Comarcal (V.C.)

Einfacher Tafelwein. Die Erzeuger-Region darf auf dem Etikett genannt werden.

Vino de la Tierra (VdlT)

Einfacher Tafelwein, der aus einem amtlich festgelegten Gebiet stammen muß (vergleichbar: französischer Vin de Pays).

Denominacion de Origen provisional (D.O.p.)

Übergangsweise Vorstufe zur D.O.-Herkunftsbezeichnung für Qualitätsweine.

Denominacion de Origen (D.O.)

Qualitätswein mit bestimmten, amtlichen Festlegungen zu regionaler Herkunft sowie Produktions- und Ausbaumethoden. Kontrollnummer und D.O.-Siegel auf dem Rückenetikett der Weinflasche.

Denominacion de Origen Calificada (D.O.Ca.)

Qualitätswein mit bestimmten, amtlichen Festlegungen zu regionaler Herkunft sowie Produktions- und Ausbaumethoden, wobei hier die sehr strengen Vorschriften amtlicher Kontrolle unterliegen (zum Beispiel das Verbot von Faßweinverkauf an auswärtige Abfüllbetriebe und Zwischenhändler und die strenge Erntekontrolle). Kontrollnummer und D.O.-Siegel auf dem Rückenetikett der Weinflasche.

Einführung Spanien

Cava

Schaumwein nach der Methodé Champanoise (teilweise auch Rosé). Ausbau als

- brut (trocken),
- semi-secco (halbtrocken),
- brut natural,
- Reserva.

Vino Corriente

Einfacher, lokaler Wein zum schnellen Verbrauch unmittelbar vor Ort.

Vino Joven

Junge, leichte, zum unmittelbaren Verbrauch bestimmte frische Weiß-, Rosé- oder Rotweine.

Crianza Weißweine

Lagerzeit mindestens ein Jahr; davon mindestens 6 Monate in Barriques.

Crianza Rotweine

Lagerzeit mindestens zwei Jahre, davon mindestens 6 Monate in Barriques.

Reserva Rotweine

Lagerzeit mindestens drei Jahre, davon mindestens ein Jahr in Barriques und zwei weitere Jahre in der Flasche.
Ausbau erst nach 3 Jahren abgeschlossen. Reservas sind erst im vierten Jahr trinkreif.

Gran Reserva Rotweine

Lagerzeit mindestens drei Jahre, davon mindestens zwei Jahre in Barriques und ein weiteres Jahr in der Flasche. Ausbau erst nach 6 Jahren abgeschlossen.

Reserva Especial

Reservas aus mehreren (oft sehr herausragenden) Jahrgängen verschnitten. In der Regel ohne Jahrgangsbezeichnung. (Beispiel: Vega Sicilia Reserva Especial).

Vinos de Licor / Rancio

Süße Dessertweine mit einer Lagerzeit von mindestens 2 Jahren in Barriques und einem weiteren Jahr in der Flasche (damit eigentlich ein Gran Reserva). Volloxidiert rancio genannt.

D.O. Allela

Region / Weinsorten

Katalonien. D.O. seit 1956 (Erweiterung 1989). Anbaufläche wird durch das Wachstum der Stadt Barcelona bedrängt. Alte Weinbautradition. Gute Qualität. Kleine Weingärten in 100 bis 300 m Höhe.

Klima / Bodenverhältnisse

Mittelmeerklima; heiße Sommer, milde Winter. Boden: sandige Oberschicht, Untergrund Granit.

Rebsorten

Weiß: Chardonnay, Chenin, Garnacha Blanca, Macabeo, Picapoll, Sauvignon Blanc, Xarel-lo.
Rot: Cabernet-Sauvignon, Garnacha, Pansá Rosada, Tempranillo, Syrah.

Jahrgangstabelle:

1970	****	1986	***
1971	**	1987	***
1972	****	1988	***
1973	**	1989	****
1974	**	1990	****
1975	****	1991	***
1976	**	1992	***
1977	***	1993	*****
1978	****	1994	****
1979	*****	1995	****
1980	**	1996	****
1981	****	1997	*****
1982	*****	1998	****
1983	*****	1999	****
1984	***	2000	*****
1985	***	2001	****

* = mangelhaft
** = durchschnittlich
*** = gut
**** = sehr gut
***** = hervorragend

D.O. Alicante

Region / Weinsorten

Valencia. Alte Weinbautradition und zwei Unterteilungen: **La Marina** im Süden um Denia mit typischem süßen Moscatel, **Alicante** um die gleichnamige Stadt mit leichtem Rosé**, Vino de double pasta** und schweren Roten.

Klima / Bodenverhältnisse

La Marina: Mittelmeerklima (heiße Sommer, milde Winter). Alicante: nahezu kontinentales Klima (heiße Sommer, kalte Winter). Boden: karbone Oberschicht auf Kalkstein; in Niederungen Schwemmland.

Rebsorten

Weiß: Airén, Chardonnay, Macabeo, Merseguera, Moscatel Romano, Planta Fina. **Rot**: Bobal, Garnacha, Merlot, Pinot Noir, Monastell, Tempranillo.

Jahrgangstabelle:

1970	***	1986	**
1971	**	1987	****
1972	*	1988	***
1973	***	1989	***
1974	***	1990	****
1975	*****	1991	***
1976	**	1992	***
1977	**	1993	***
1978	*****	1994	***
1979	**	1995	***
1980	***	1996	***
1981	**	1997	***
1982	***	1998	****
1983	***	1999	****
1984	**	2000	****
1985	**	2001	****

*	=	mangelhaft
**	=	durchschnittlich
***	=	gut
****	=	sehr gut
*****	=	hervorragend

D.O. Almansa

Region / Weinsorten

Kastilien-La Mancha. Karge Landschaft um die Stadt Almansa. Hohe Produktion an Land- und Verschnittweinen. Meist alte, ungepfropfte Reben (da kein relevanter Reblausbefall) mit alkoholischen, extraktreichen Weinen zum schnellen Verbrauch. Eingeschränkt Lagerfähig.

Klima / Bodenverhältnisse

Kontinentales Klima; heiße Sommer, kalte Winter. In Niederungen humöse Oberschicht, Untergrund Kalkstein, Kreide.

Rebsorten

Weiß: Airén, Merseguera.
Rot: Cencibel, Garnacha Tinta, Garnacha Tintorera, Monastell.

Jahrgangstabelle:

1974	***	1988	***
1975	*****	1989	*****
1976	**	1990	***
1977	***	1991	***
1978	****	1992	****
1979	***	1993	****
1980	*****	1994	****
1981	****	1995	****
1982	*****	1996	***
1983	***	1997	***
1984	***	1998	***
1985	****	1999	****
1986	***	2000	***
1987	***	2001	****

*	=	mangelhaft
**	=	durchschnittlich
***	=	gut
****	=	sehr gut
*****	=	hervorragend

D.O. Ampurdán-Costa Brava

Region / Weinsorten

Katalonien (Pyrenäenausläufer). D.O. seit 1975. Zunächst nur Produktion von aufgespriteten, oxydierten Rancio-Weinen. Inzwischen Trend zu leichten, frischen Weinen guter Qualität. Investitionen in neue Produktionsmethoden.

Klima / Bodenverhältnisse

Ausgesprochenes Mittelmeerklima; heiße Sommer, kalte Winter. Kalte, nördliche Winde (Tramontana) aus den Pyrenäen. Weinbau bis 200 Meter Höhe. Böden: Fruchtbare Oberschicht, Untergrund Kalk.

Rebsorten

Weiß: Macabeo, Xarel-lo.
Rot: Garnacha, Marzuela.

D.O. Ampurdán-Costa Brava

Jahrgangstabelle:

1970	***	1986	****
1971	**	1987	***
1972	*	1988	****
1973	*****	1989	****
1974	***	1990	***
1975	**	1991	****
1976	**	1992	***
1977	*	1993	****
1978	*****	1994	***
1979	****	1995	****
1980	**	1996	****
1981	**	1997	**
1982	****	1998	*****
1983	****	1999	****
1984	***	2000	****
1985	****	2001	****

*	=	mangelhaft
**	=	durchschnittlich
***	=	gut
****	=	sehr gut
*****	=	hervorragend

D.O. Bierzo

Region / Weinsorten

Kastilien-León. D.O. seit 1991. Region mit Potenzial für sehr gute Weine. Früher nur Produktion von Verschnittweinen. Inzwischen Trend zur Qualität. Fruchtige, samtige Rotweine (mittlerweile auch Gran Reservas), blumige, junge Weiße und angenehme Säure bei kräftigen Rosés.

Klima / Bodenverhältnisse

Geschütztes Tal mit kontinentalem Klima. Weinberge zwischen 400 und 600 Meter Höhe. Böden: Schiefer.

Rebsorten

Weiß: Dona Blanca, Godello, Malvasia, Palomino.
Rot: Garnacha Tintorera, Mencia.

Jahrgangstabelle:

1987	*****	1995	***
1988	****	1996	****
1989	****	1997	***
1990	****	1998	***
1991	****	1999	***
1992	****	2000	***
1993	*	2001	****
1994	****	2002	

*	=	mangelhaft
**	=	durchschnittlich
***	=	gut
****	=	sehr gut
*****	=	hervorragend

D.O. Binissalem

Region / Weinsorten

Balearen. D.O. seit 1991. Zunächst Produktion einfacher Landweine für den mallorquinischen Verbrauch. Investitionen in neue Produktionsanlagen. Leichte Weiße mit geringer Lagerfähigkeit (vor allem Moll), leichte Rosés, körperreiche Rotweine mit Extrakt und gutem Bukett. Experimente mit Merlot / Syrah.

Klima / Bodenverhältnisse

Mittelmeer-Seeklima; hohe Luftfeuchtigkeit, warme Sommer, milde Winter. Böden: Oberschicht Kalk, Untergrund Ton.

Rebsorten

Weiß: Chardonnay, Moll, Parellada, Macabeo, Moscatel.
Rot: Cabernet-Sauvignon, Callet, Manto Negro, Monastrell, Tempranillo.

Jahrgangstabelle:

1990	****	1996	***
1991	****	1997	****
1992	***	1998	*****
1993	***	1999	****
1994	*****	2000	****
1995	****	2001	*****

*	=	mangelhaft
**	=	durchschnittlich
***	=	gut
****	=	sehr gut
*****	=	hervorragend

D.O. Bullas

Region / Weinsorten

Murcia. D.O. seit 1994. Zunächst nur hohe Produktion einfacher Land- und Tischweine. Hauptsächlich Monastrell, kaum Exporte. Weinbau oft als Mischkultur mit Oliven und Mandeln.

Klima / Bodenverhältnisse

Kontinentales Klima; sehr heiße Sommer, kalte, frostige Winter. Weinbau hauptsächlich in den Tälern des Rio Segura und des Rio Guipar. Dort Schwemmland. In den Höhenlagen der Weinberge zwischen 600 und 800 m sandige Böden.

Rebsorten

Weiß: Airén, Macabeo.
Rot: Cabernet-Sauvignon, Garnacha, Merlot, Monastrell, Syrah, Tempranillo.

D.O. Bullas

Jahrgangstabelle:

1994	****	1998	*****
1995	****	1999	****
1996	****	2000	****
1997	****	2001	*****

*	=	mangelhaft
**	=	durchschnittlich
***	=	gut
****	=	sehr gut
*****	=	hervorragend

D.O. Calatayud

Region / Weinsorten

Aragón. D.O. mit eindeutigem Trend zur Qualität. Teils neue Produktionsanlagen. Ordentliche Tischweine, gute Rosés (Garnacha) von hellroter Farbe (kurze Maischegärung). Eingeschränkt Lagerfähig.

Klima / Bodenverhältnisse

Kontinentales Klima; windige, heiße Sommer, kalte Winter. Weinbau auf 300 bis 1000 Metern. Im Norden der D.O. sandige bis lehmige Oberböden, teilweise Kalk und Mergel, im Süden mehr Schiefer.

Rebsorten

Weiß: Chardonnay, Garnacha Blanca, Macabeo, Malvasia, Moscatel Blanco.
Rot: Cabernet-Sauvignon, Garnacha, Mazuela, Monastell, Syrah, Tempranillo.

Jahrgangstabelle:

1987	*****	1995	***
1988	**	1996	****
1989	***	1997	**
1990	****	1998	***
1991	***	1999	***
1992	***	2000	****
1993	****	2001	****
1994	***	2002	

*	=	mangelhaft
**	=	durchschnittlich
***	=	gut
****	=	sehr gut
*****	=	hervorragend

D.O. Campo de Borja

Region / Weinsorten

Aragón. D.O. seit 1977. Rebflächen an den Hängen der Sierra del Moncayo in der Provinz Zaragoza (Ebro-Tal). Kurzlebige Weiß- und Roséweine, teilweise gute, körperreiche Rotweine bis 18%.

Klima / Bodenverhältnisse

Kontinentales Klima; sehr heiße Sommer, sehr kalte Winter. Kalter, trockener Nordwind (Cierzo). Oberschicht der Böden steinig und sandig, Untergrund Kalkstein.

Rebsorten

Weiß: Chardonnay, Moscatel, Macabeo.
Rot: Cabernet-Sauvignon, Cencibel, Garnacha, Mazuela, Merlot, Syrah, Tempranillo.

D.O. Campo de Borja

Jahrgangstabelle:

1970	***	1986	***
1971	*	1987	***
1972	*	1988	***
1973	*****	1989	****
1974	**	1990	***
1975	*****	1991	****
1976	****	1992	****
1977	***	1993	****
1978	*****	1994	***
1979	***	1995	****
1980	***	1996	****
1981	*****	1997	**
1982	****	1998	*****
1983	**	1999	***
1984	***	2000	***
1985	****	2001	*****

*	=	mangelhaft
**	=	durchschnittlich
***	=	gut
****	=	sehr gut
*****	=	hervorragend

D.O. Carinena

Region / Weinsorten

Aragón. D.O. mit Tradition (erste offizielle Abgrenzung schon 1932) und bedeutendster Bereich Aragóns. Trockene Weiß- und Roséweine eingeschränkter Lagerfähigkeit, rubinrote, tiefe, körperreiche Rotweine bis 17%. Gespritete Dessertweine (Rancio).

Klima / Bodenverhältnisse

Kontinentales Klima; heiße Sommer, kalte, teils frostige Winter. Kalkiger Lehmboden.

Rebsorten

Weiß: Garnacha Blanca, Moscatel Romano, Parellada, Viura (Macabeo).
Rot: Cabernet-Sauvignon, Carinena, Cencibel, Garnacha, Juan Ibánez, Marzuela, Monastell, Tempranillo.

Jahrgangstabelle:

1970	***	1986	**
1971	*	1987	****
1972	*	1988	****
1973	****	1989	****
1974	**	1990	****
1975	*****	1991	****
1976	****	1992	****
1977	**	1993	****
1978	***	1994	***
1979	****	1995	***
1980	***	1996	****
1981	*****	1997	**
1982	***	1998	*****
1983	***	1999	***
1984	***	2000	***
1985	*****	2001	*****

*	=	mangelhaft
**	=	durchschnittlich
***	=	gut
****	=	sehr gut
*****	=	hervorragend

D.O. Cava

Region / Weinsorten

Schaumwein (weiß/rosé) aus ausgezeichnetem Traubenmaterial, gekühlt ausgebaut und flaschenvergoren. Mindestens 9 Monate flaschenreife, beste Qualitäten 2 bis 3 Jahre. Einteilung in Extra Brut, Brut, Extra Trocken, Trocken, Halb-Trocken und Süß.

Klima / Bodenverhältnisse

Da sich die D.O. Cava auf ganz Spanien bezieht, kein bestimmtes Klima. Böden unterschiedlich; am geeignetsten kalkreiche Böden in Höhenlagen (Penedés).

Rebsorten

Weiß: Chardonnay, Macabeo, Parellada, Subirat, Xarel.lo.
Rot: (nur für Rosé:) Garnacha Tinta, Monastrell, Pinot Noir, Trepat.

Jahrgangstabelle:

1970	***	1986	***
1971	***	1987	****
1972	***	1988	****
1973	****	1989	***
1974	***	1990	***
1975	****	1991	****
1976	****	1992	***
1977	**	1993	****
1978	*****	1994	***
1979	**	1995	***
1980	****	1996	****
1981	***	1997	***
1982	****	1998	****
1983	*****	1999	****
1984	****	2000	****
1985	***	2001	****

*	=	mangelhaft
**	=	durchschnittlich
***	=	gut
****	=	sehr gut
*****	=	hervorragend

D.O. Cigales

Region / Weinsorten

Kastilien-Leon. D.O. seit 1991. Hauptproduktion Rosé (über 70 %) höchster Qualität. Rotweine vielversprechend; teilweise Crianzas, seltener Reservas. Experimente mit Sauvignon blanc, Cabernet-Sauvignon und Merlot.

Klima / Bodenverhältnisse

Kontinentales Klima; mäßig heiße Sommer, kalte Winter. Böden: fruchtbare, steinige Oberschicht, Untergrund Kalk.

Rebsorten

Weiß: Albillo,Verdejo.
Rot: Garnacha gris, Garnacha Tinta, Tempranillo, Tinta del Pais.

Jahrgangstabelle:

1971	*	1987	***
1972	**	1988	****
1973	****	1989	****
1974	***	1990	***
1975	****	1991	***
1976	***	1992	***
1977	*	1993	***
1978	*	1994	***
1979	****	1995	***
1980	***	1996	***
1981	****	1997	***
1982	***	1998	***
1983	****	1999	***
1984	*	2000	****
1985	****	2001	****
1986	***	2002	

*	=	mangelhaft
**	=	durchschnittlich
***	=	gut
****	=	sehr gut
*****	=	hervorragend

D.O. Conca de Barberá

Region / Weinsorten

Katalonien. D.O. seit 1989 mit idealen Voraussetzungen für Schaumweinproduktion (Cava). Investitionen in neue Produktionsanlagen. Über 60 % Weißwein, dieser trocken, frisch und fruchtig. Auch bei Rosé und Rotwein nur Eingeschränkt Lagerfähig. Teils ordentliche Crianzas.

Klima / Bodenverhältnisse

Mediterranes Klima, geschützte Lage (Conca = Becken); heiße Sommer, mäßig kalte Winter. Böden: kalkiges Schwemmland auf Kalk; Weinbau in Niederungen (Schwemmland) und bis 400 m Höhe.

Rebsorten

Weiß: Chardonnay, Macabeo, Parellada.
Rot: Cabernet-Sauvignon, Garnacha, Merlot, Tempranillo, Trepat.

Jahrgangstabelle:

1970	***	1986	***
1971	*****	1987	**
1972	*	1988	***
1973	**	1989	***
1974	***	1990	***
1975	*****	1991	***
1976	***	1992	****
1977	*	1993	****
1978	***	1994	***
1979	***	1995	****
1980	**	1996	****
1981	***	1997	***
1982	***	1998	****
1983	***	1999	***
1984	***	2000	****
1985	****	2001	*****

*	=	mangelhaft
**	=	durchschnittlich
***	=	gut
****	=	sehr gut
*****	=	hervorragend

D.O. Condado de Huelva

Region / Weinsorten

Andalusien. Weißwein-D.O. Bereits im Mittelalter Produktion aufgespriteter "Sack -Weine, z.B. für England. Heute vor allem Erzeugung von trockenem bis süßem **Pálido** (15%), nach Solera-System ausgebautem **Viejo** (volloxydierter, aufgespriteter Rancio) und modernem, weißem **Joven Afrutado** mit geringer Lagerfähigkeit (frühe Lese / kalte Fermentierung).

Klima / Bodenverhältnisse

Mediterranes Klima (Atlantikeinfluß), warme Sommer, milde Winter, hohe Luftfeuchtigkeit. Sandige Oberböden, Untergrund Kalk.

Rebsorten

Weiß: Garrido Fino, Listán, Moscatel, Palomino Fino, Pedro Ximénez, Zalema.

Jahrgangstabelle:

1981	***	1992	***
1982	***	1993	****
1983	***	1994	**
1984	***	1995	***
1985	****	1996	***
1986	***	1997	***
1987	***	1998	***
1988	***	1999	****
1989	***	2000	*****
1990	***	2001	****
1991	***	2002	

*	=	mangelhaft
**	=	durchschnittlich
***	=	gut
****	=	sehr gut
*****	=	hervorragend

D.O. Costres del Segre

Region / Weinsorten

Katalonien. D.O. seit 1988. Bereits in den frühen 80-er Jahren Investitionen in neue Produktionsmethoden. Sowohl traditionelle wie moderne Weinerzeugung ordentlicher Qualität, meist für kurzfristigen Verbrauch. Teils gute, rote Crianzas.

Klima / Bodenverhältnisse

Kontinentales Klima; heiße Sommer, kalte Winter. Sandige Böden auf Kalkstein.

Rebsorten

Weiß: Chardonnay, Garnacha Blanca, Macabeo, Parellada, Riesling, Sauvignon Bland, Xarel-lo.
Rot: Cabernet-Sauvignon, Garnacha, Mazuela, Merlot, Monastell, Pinot Noir, Samsó, Syrah, Tempranillo, Trepat.

Jahrgangstabelle:

1986	**	1994	***
1987	***	1995	*****
1988	***	1996	*****
1989	***	1997	****
1990	***	1998	****
1991	****	1999	****
1992	*****	2000	****
1993	****	2001	****

* = mangelhaft
** = durchschnittlich
*** = gut
**** = sehr gut
***** = hervorragend

D.O. Chacoli de Bizkaia (= Bizkaiko Txakolina)

Region / Weinsorten

Baskenland. Nördlichste spanische D.O. mit sehr geringer Produktion des traditionellen, frischen, weißen **Chacoli de Bizkaia**. Kleine, oft weit voneinander entfernte Weingärten.

Klima / Bodenverhältnisse

Kühles, feuchtes Atlantikklima. Böden sehr unterschiedlich, meist lehmiges Schwemmland.

Rebsorten

Weiß: Folle Blanch, Hondarrabi Zuri.
Rot: Hondarrabi Beltza.

D.O. Chacoli de Bizkaia (= Bizkaiko Txakolina)

Jahrgangstabelle:

1994	****	1998	***
1995	***	1999	****
1996	***	2000	****
1997	***	2001	****

*	=	mangelhaft
**	=	durchschnittlich
***	=	gut
****	=	sehr gut
*****	=	hervorragend

D.O. Chacoli de Guetaria (= Getariako Txakolina)

Region / Weinsorten

Baskenland. D.O. mit geringer Produktion des traditionellen, frischen, weißen **Taxcoli**. Eingeschränkt Lagerfähig.

Klima / Bodenverhältnisse

Kühles, feuchtes Atlantikklima. Böden sehr unterschiedlich, meist lehmiges Schwemmland.

Rebsorten

Weiß: Hondarrabi Zuri.
Rot: Hondarrabi Beltza.

D.O. Chacoli de Guetaria (= Getariako Txakolina)

Jahrgangstabelle:

1989	***	1996	***
1990	***	1997	***
1991	***	1998	***
1992	***	1999	***
1993	***	2000	***
1994	***	2001	****
1995	***	2002	

*	=	mangelhaft
**	=	durchschnittlich
***	=	gut
****	=	sehr gut
*****	=	hervorragend

D.O. El Hierro

Region / Weinsorten

Kanaren. Neu ausgeweisene D.O., die nur aus einer Bodega (örtliche Cooperativa) besteht. Diese hat bereits früh in neue Technik investiert und produziert saubere, einfache Weine, geringer Lagerfähigkeit. Fruchtige Weißweine, junge, mit Kohlensäure versetzte Rotweine guter Qualität. Die Nachfrage übersteigt bei weitem die Produktion.

Klima / Bodenverhältnisse

Subtropisches Seeklima; warme Sommer, sehr milde Winter. Vulkanische Böden.

Rebsorten

Weiß: Bermajuelo, Baboso Blanco, Listán Blanco, Pedro Ximénez, Verijadiego.
Rot: Listán Negro, Negramol, Tintilla.

Jahrgangstabelle:

1995	***	1999	****
1996	***	2000	****
1997	***	2001	****
1998	***	2002	

*	=	mangelhaft
**	=	durchschnittlich
***	=	gut
****	=	sehr gut
*****	=	hervorragend

D.O. Emporadà-Costa Brava

Region / Weinsorten

Katalonien. D.O. an der Grenze zu Frankreich. Investitionen in neue Produktionsmethoden. Leichte Weißweine, fruchtige Rosés, leichte Rotweine. Eingeschränkt Lagerfähig.

Klima / Bodenverhältnisse

Mediterranes Klima; warme Sommer mit z.T. kalten Nächten, kühle Winter. Kalte Winde aus den Pyrenäen. Ordentliche Bodenqualität; humöse Oberschicht mit guter Drainage, Untergrund Kalk.

Rebsorten

Weiß: Chardonnay, Garnacha Blanca, Moscatel, Macabeo, Xarel.lo.
Rot: Cabernet-Sauvignon, Carinena, Garnacha Tinta, Merlot, Tempranillo.

Jahrgangstabelle:

1980	**	1991	****
1981	**	1992	***
1982	****	1993	****
1983	****	1994	***
1984	***	1995	***
1985	****	1996	****
1986	****	1997	***
1987	****	1998	*****
1988	***	1999	****
1989	****	2000	****
1990	***	2001	****

*	=	mangelhaft
**	=	durchschnittlich
***	=	gut
****	=	sehr gut
*****	=	hervorragend

D.O. Jerez-Sherry

Region / Weinsorten

Andalusien. Gespritete, trockene Weine; Verschnitte div. Jahrgänge. Altersstufen:
Manzanilla ¡ Fino (5 ¡ 9 Jahre Reife mit Hefeflor).
Amontillado ¡ Länger gereifter Fino (ca. 10 bis 15 Jahre Reife).
Olosoro ¡ Wein ohne Hefeschicht (ca. 10 bis 15 Jahre Reife).
Cream ¡ gesüßt mit klarer Traubenzuckerlösung (hell) oder mit Wein aus Pedro Ximénez (dunkel). Reife 5 bis 15 Jahre.

Klima / Bodenverhältnisse

Sehr heiße Sommer, milde, trockene Winter. Bodenqualität: "Albariza aus Kreide mit Sand- und Lehmbeimischungen.

Rebsorten

Weiß: Moscatel, Palomino Fino, Palomino de Jerez, Pedro Ximénez.

Jahrgangstabelle:

Da Sherry nach dem Solera-System reift, erübrigt sich die Jahrgangstabelle.

D.O. Jumilla

Region / Weinsorten

Murcia. Für einfache, preiswerte Weine bekannte D.O. In den 1980-er Jahren hat Reblausplage zur Neubepflanzung geführt, die zur Hebung des Qualitätsniveaus führte. In der Regel kurzlebige Weine, selten Gran Reservas. Süßer Rotwein aus Monastrell-Trauben als Spezialität (Ausbau als Gran Reserva ¡ Reifezeit 5 bis 6 Jahre).

Klima / Bodenverhältnisse

Kontinentales Klima; sehr heiße Sommer, sehr kalte Winter. Sandige Böden auf Kalkstein.

Rebsorten

Weiß: Airén, Macabeo, Malvasia, Merseguera, Pedro Ximénez.
Rot: Cabernet-Sauvignon, Cencibel, Garnacha, Monastell, Syrah, Tempranillo.

Jahrgangstabelle:

1971	**	1987	***
1972	**	1988	***
1973	*****	1989	***
1974	***	1990	****
1975	****	1991	****
1976	****	1992	***
1977	***	1993	****
1978	****	1994	***
1979	**	1995	***
1980	*****	1996	****
1981	*****	1997	***
1982	**	1998	*****
1983	***	1999	****
1984	***	2000	****
1985	***	2001	****
1986	**	2002	

*	=	mangelhaft
**	=	durchschnittlich
***	=	gut
****	=	sehr gut
*****	=	hervorragend

D.O. La Mancha

Region / Weinsorten

Kastilien-La Mancha. Flächenmäßig größte spanische D.O. mit enormer Anbaufläche. Leichte, fruchtige Rotweine mit eingeschränkter Lagerfähigkeit. Ebenso die frischen, preiswerten Weißweine, die durch neue Produktionsmethoden deutlich an Qualität zulegten. Hauptsächlich Airén-Anbau. Gute Cencibel-Crianzas.

Klima / Bodenverhältnisse

Kontinentales Klima; sehr heiße Sommer, sehr kalte Winter. Trocken. Böden: Kreide auf Lehm, teilweise Ton oder Kalkstein.

Rebsorten

Weiß: Airén, Chardonnay, Macabeo, Pardilla, Sauvignon Blanc, Verdoncho.
Rot: Cabernet-Sauvignon, Garnacha, Merlot, Moravia, Syrah, Tempranillo.

Jahrgangstabelle:

1970	****	1986	***
1971	***	1987	****
1972	*	1988	***
1973	***	1989	***
1974	***	1990	****
1975	****	1991	***
1976	*	1992	****
1977	*****	1993	*****
1978	****	1994	****
1979	***	1995	***
1980	****	1996	****
1981	***	1997	****
1982	****	1998	*****
1983	***	1999	****
1984	****	2000	****
1985	***	2001	*****

* = mangelhaft
** = durchschnittlich
*** = gut
**** = sehr gut
***** = hervorragend

D.O. Lanzarote

Region / Weinsorten

Kanaren. D.O. seit 1994. Zuvor Produktion einfacher Landweine (Vino de la Tierra). Hauptsächlich Erzeugung von Vino de Licor (Canary Sack). Leichte Rotweine, seltener leichte Weißweine. Nachfrage höher als Angebot, daher rar.

Klima / Bodenverhältnisse

Subtropisches See-Klima; oft Nebel und starker Regen. Böden: schwarze Vulkanasche. Anbau wegen des Windes oft in Mulden oder im Schutze von Steinwällen.

Rebsorten

Weiß: Blanca, Breval, Burrablanca, Diego, Listán blanca, Malvasia, Moscatel, Pedro Ximénez.
Rot: Listán Negra, Negramoll.

Jahrgangstabelle:

1994	****	1998	****
1995	****	1999	*****
1996	****	2000	****
1997	****	2001	****

*	=	mangelhaft
**	=	durchschnittlich
***	=	gut
****	=	sehr gut
*****	=	hervorragend

D.O. La Palma

Region / Weinsorten

D.O. auf kanarischen Inseln. Hauptsächlich Vino de Licor (Canary Sack). Leichte Rotweine. Kräftige junge Weißweine mit schöner Frucht.

Klima / Bodenverhältnisse

Subtropisches See-Klima. Böden: schwarze Vulkanasche. Anbau wegen des Windes in Mulden oder im Schutze von Steinwällen (bis auf 1100 Meter Höhe).

Rebsorten

Weiß: Albillo, Bastardo Blanco, Bermejuela, Bujariego, Burrablanca, Forastera blanca, Gual, Listán blanco, Malvasia, Moscatel, Pedro Ximénez, Sabro, Torrontés, Verdello.
Rot: Almuneco, Bastardo negro, Listán Negro, Malvasia rosada, Moscatel negro, Negramoll, Tintilla.

Jahrgangstabelle:

1994	****	1998	***
1995	****	1999	*****
1996	***	2000	****
1997	***	2001	****

*	=	mangelhaft
**	=	durchschnittlich
***	=	gut
****	=	sehr gut
*****	=	hervorragend

D.O. Málaga

Region / Weinsorten

Andalusien. D.O. bekannt für Süßweine die man in 7 verschiedene Typen, von seco (trocken) über abocado, semi-dulce (leicht süß) bis dulce (süß), einteilt.

Klima / Bodenverhältnisse

Mediterranes Klima an der Küste, kontinentales Klima im Hinterland. Böden gut aber sehr unterschiedlich. Oft kalkige Oberböden, Unterschicht Lehm (eisenhaltig). Geringe, bedeutende, Spuren von Quartz und Glimmer.

Rebsorten

Weiß: Doradilla, Lairén, Moscatel, Pedro Ximén, Pedro Ximénez.
Rot: Romé, Tintorera.

Jahrgangstabelle:

1989	***	1996	***
1990	***	1997	***
1991	***	1998	***
1992	***	1999	***
1993	***	2000	***
1994	***	2001	****
1995	***	2002	

*	=	mangelhaft
**	=	durchschnittlich
***	=	gut
****	=	sehr gut
*****	=	hervorragend

D.O. Méntrida

Region / Weinsorten

Kastilien-La Mancha. D.O. seit 1969. Zunächst nur Produktion einfacher Landweine. Seit den 1990-er Jahren Investitionen in neue Produktionsmethoden. Trotzdem Qualitätsprobleme. Frische, fruchtige Rosés. Leichte Rotweine. Teilweise Crianzas. Eingeschränkt Lagerfähig.

Klima / Bodenverhältnisse

Kontinentales Klima; heiße Sommer, kalte Winter. Sandige Böden, Untergrund Ton, selten Kalkstein.

Rebsorten

Weiß: Albillo, Chardonnay, Macabeo, Sauvignon Blanc.
Rot: Cabernet-Sauvignon, Cencibel, Garnacha, Merlot, Syrah, Tinto Basto.

D.O. Méntrida

Jahrgangstabelle:

1976	*****	1989	***
1977	***	1990	***
1978	**	1991	***
1979	***	1992	***
1980	****	1993	***
1981	***	1994	***
1982	*****	1995	***
1983	***	1996	***
1984	*****	1997	***
1985	***	1998	***
1986	***	1999	****
1987	***	2000	****
1988	*****	2001	****

*	=	mangelhaft
**	=	durchschnittlich
***	=	gut
****	=	sehr gut
*****	=	hervorragend

D.O. Montilla-Moriles

Region / Weinsorten

Andalusien. Weißwein-D.O. mit Weinbautradition. Moderner, weißer, fruchtig-trockener **Joven Afrutado** geringer Lagerfähigkeit. Traditionelle Aperitif- und Dessertweine (**Generoso**) mit über 15% nach dem Solera-System ausgebaut.

Klima / Bodenverhältnisse

Kontinentales Klima; sehr heiße Sommer, kühle Winter. In Südlagen beinahe subtropisch. Zwei wesentliche Bodenqualitäten: Kreidereiche “Albarizas und sandige “Arenas .

Rebsorten

Weiß: Airén, Baladi, Lairén, Montepilu, Moscatel, Pedro Ximénez.

Jahrgangstabelle:

1979	***	1991	*****
1980	****	1992	****
1981	*****	1993	***
1982	*****	1994	****
1983	***	1995	**
1984	*****	1996	***
1985	****	1997	****
1986	****	1998	*****
1987	***	1999	*****
1988	*****	2000	*****
1989	*****	2001	****
1990	*****	2002	

*	=	mangelhaft
**	=	durchschnittlich
***	=	gut
****	=	sehr gut
*****	=	hervorragend

D.O. Montsant

Region / Weinsorten

Katalonien. Neugeschaffene D.O. mit Weinbautradition. Umschließt mit seinen 16 Gemeinden die D.O. Priotato. Schwere, gehaltvolle Rotweine, aber auch beachtenswerte Weißweine. Teils moderne Kellereien.

Klima / Bodenverhältnisse

Kontinentales Klima mit Mistraleinfluß aus Süden und kalten Nordwinden. Warme Sommer, kalte Winter. Der vulkanische Boden wird “Llicorella genannt. Oberschicht verwitterter Schiefer.

Rebsorten

Weiß: Garnacha Blanca, Macabeo, Pedro Ximénez, Xenin.
Rot: Carinena, Garnacha Peluda, Garnacha Negra, Mazuela Merlot, Syrah.

Jahrgangstabelle:

1970	**	1986	***
1971	*	1987	***
1972	***	1988	***
1973	***	1989	***
1974	***	1990	***
1975	***	1991	***
1976	**	1992	****
1977	*****	1993	*****
1978	***	1994	****
1979	****	1995	*****
1980	***	1996	*****
1981	****	1997	***
1982	****	1998	*****
1983	***	1999	****
1984	***	2000	****
1985	***	2001	*****

*	=	mangelhaft
**	=	durchschnittlich
***	=	gut
****	=	sehr gut
*****	=	hervorragend

D.O. Navarra

Region / Weinsorten

D.O. seit 1967. 5 Unterzonen (**comarcas**): **Baja Montana**, **Valdizarbe**, **Tierra de Estella**, **Ribera Alta** und **Ribera Baja**. Die Rosés gehören zu den besten weltweit. Viele Rosés und Weißweine für den baldigen Verbrauch mit geringer Lagerfähigkeit. Trend zur Rotweinproduktion.

Klima / Bodenverhältnisse

Kontinentales Klima im Norden mit Pyrenäeneinfluß; heiße Sommer, kalte Winter. Böden: Lehmige Oberschicht auf Kalk.

Rebsorten

Weiß: Chardonnay, Garnacha Blanca, Malvasia, Moscatel de Grano, Viura.
Rot: Cabernet-Sauvignon, Garnacha, Graciano, Mazuela, Merlot, Tempranillo.

Jahrgangstabelle:

1970	*****	1986	***
1971	*	1987	***
1972	*	1988	****
1973	*****	1989	****
1974	***	1990	***
1975	***	1991	***
1976	***	1992	***
1977	**	1993	****
1978	****	1994	****
1979	**	1995	*****
1980	**	1996	****
1981	*****	1997	***
1982	*****	1998	****
1983	****	1999	****
1984	****	2000	****
1985	****	2001	*****

*	=	mangelhaft
**	=	durchschnittlich
***	=	gut
****	=	sehr gut
*****	=	hervorragend

D.O. Penedés

Region / Weinsorten

Katalonien. D.O. mit 3 Teilbereichen: **Bajo Penedés** (Küste), **Medio Penedés** und **Alt Penedés**. Durch **Cava** bekannt, werden auch ordentliche Weißweine und feine, teils hochpreisige Rotweine aus kleinen Weingärten produziert.

Klima / Bodenverhältnisse

Mediterran an der Küste, sonst oft individuelles Mikroklima. Böden stark kalkhaltig, in Höhenlagen (bis ca. 800 m) auch Kreide. Oberböden sandig bis lehmig.

Rebsorten

Weiß: Macabeo, Montonés, Parellada, Subirat Parent, Xarel.lo.
Rot: Cabernet-Sauvignon, Carinena, Garnacha Tinta, Mazuela, Monastrell, Samsó, Tempranillo.

Jahrgangstabelle:

1970	****	1986	***
1971	***	1987	****
1972	**	1988	****
1973	****	1989	***
1974	***	1990	***
1975	****	1991	****
1976	*****	1992	***
1977	***	1993	****
1978	*****	1994	****
1979	***	1995	***
1980	***	1996	****
1981	****	1997	****
1982	***	1998	*****
1983	***	1999	****
1984	****	2000	****
1985	***	2001	*****

*	=	mangelhaft
**	=	durchschnittlich
***	=	gut
****	=	sehr gut
*****	=	hervorragend

D.O. Plà de Bages

Region / Weinsorten

Katalonien. Junge D.O. mit starkem Trend zur Qualität im Hinterland von Barcelona. Gute Cavas, leichte, fruchtige Weiß-, und ordentliche Rotweine. Boutiqueweine.

Klima / Bodenverhältnisse

Mediterranes Klima mit leicht kontinentalem Einfluß. Warme Sommer, teils kalte Winter. Kalkige Böden.

Rebsorten

Weiß: Chardonnay, Macabeo, Parellada, Picapoll.
Rot: Cabernet-Sauvignon, Garnacha, Merlot, Tempranillo.

Jahrgangstabelle:

1996	****	1999	****
1997	*****	2000	*****
1998	*****	2001	****

*	=	mangelhaft
**	=	durchschnittlich
***	=	gut
****	=	sehr gut
*****	=	hervorragend

D.O. Plà y Llevant

Region / Weinsorten

Balearen. D.O. seit 1999. Zunächst Produktion einfacher Landweine für den Verbrauch vor Ort. Investitionen in neue Produktionsanlagen. Leichte Weißweine mit geringer Lagerfähigkeit; leichte Rosés, ordentliche Rotweine. Innovative Erzeuger.

Klima / Bodenverhältnisse

Mittelmeer-Seeklima; hohe Luftfeuchtigkeit, warme Sommer, milde Winter. Kalkige Böden.

Rebsorten

Weiß: Chardonnay, Macabeo, Moll, Moscatel, Parellada, Prensal Blanc.
Rot: Cabernet Sauvignon, Callet, Fogeneu, Manto Negro, Merlot, Monastrell, Tempranillo.

Jahrgangstabelle:

1990	****	1996	***
1991	****	1997	****
1992	***	1998	*****
1993	***	1999	****
1994	*****	2000	****
1995	****	2001	****

*	=	mangelhaft
**	=	durchschnittlich
***	=	gut
****	=	sehr gut
*****	=	hervorragend

D.O.Ca. Priorato

Region / Weinsorten

Katalonien. D.O. mit Weinbautradition. Einzigartige Weine von extrem steilen Lagen bis 1200 Metern Höhe mit sehr altem Rebbestand. Teils moderne Kellereien. Unter den Rotweinen finden sich hochpreisige Kultweine.

Klima / Bodenverhältnisse

Kontinentales Klima mit Mistraleinfluß aus Süden und kalten Nordwinden. Warme Sommer, kalte Winter. Der vulkanische Boden wird “Llicorella genannt. Oberschicht verwitterter Schiefer.

Rebsorten

Weiß: Garnacha Blanca, Macabeo, Pedro Ximénez, Xenin.
Rot: Carinena, Garnacha Peluda, Garnacha Negra, Mazuela Merlot, Syrah.

Jahrgangstabelle:

1970	**	1986	***
1971	*	1987	***
1972	***	1988	***
1973	***	1989	***
1974	***	1990	***
1975	***	1991	***
1976	**	1992	****
1977	*****	1993	*****
1978	***	1994	****
1979	****	1995	*****
1980	***	1996	*****
1981	****	1997	***
1982	****	1998	*****
1983	***	1999	****
1984	***	2000	****
1985	***	2001	*****

* = mangelhaft
** = durchschnittlich
*** = gut
**** = sehr gut
***** = hervorragend

D.O. Rias Baixas

Region / Weinsorten

Galizien. D.O. an NW-Atlantikküste mit kühlen, feuchten Weinbergen. 3 Unterregionen: **Val do Salnes, O Rosal** und **Condado del Tea**. Weltbekannte, frische, weiße Albarinos mit weicher Säure. (Val do Salnes). In Condado de Tea helle Rotweine, teils aus sehr modernen Bodgas.

Klima / Bodenverhältnisse

Atlantisches Küsten-Klima; kühler und feuchter als sonst in Spanien. Böden im Val do Salnes Schwemmland auf Granit, sonst auch Sand auf Granit.

Rebsorten

Weiß: Albarino, Caino Blanco, Loureira Torrontés, Treixadura.
Rot: Brancellao, Caino Tinto, Espadeiro, Loureira Tinta, Mencia, Souson.

Jahrgangstabelle:

1988	***	1995	****
1989	*****	1996	****
1990	*****	1997	****
1991	***	1998	***
1992	***	1999	***
1993	***	2000	****
1994	***	2001	****

*	=	mangelhaft
**	=	durchschnittlich
***	=	gut
****	=	sehr gut
*****	=	hervorragend

D.O. Ribeiro

Region / Weinsorten

Galizien. D.O. seit 1957. Ordentliche Tischweine. Trend zur Qualität und Investitonen in neue Produktionsmethoden. Die Weißen, Rosés und Rotweine sind wenig lagerfähig und sollten schnell verbraucht werden.

Klima / Bodenverhältnisse

Hohe Luftfeuchtigkeit durch atlantischen Einfluß. Böden: Schwemmland auf Granit.

Rebsorten

Weiß: Albarino, Albilla, Godello, Jerez, Loureira, Macabeo, Palomino, Torrontés, Treixadura.
Rot: Brancellao, Caino, Ferrón, Granacha, Mencia, Tempranillo, Tintorera, Sousón.

Jahrgangstabelle:

1983	**	1993	**
1984	****	1994	****
1985	**	1995	****
1986	*	1996	****
1987	***	1997	***
1988	****	1998	***
1989	****	1999	***
1990	****	2000	****
1991	***	2001	****
1992	***	2002	

*	=	mangelhaft
**	=	durchschnittlich
***	=	gut
****	=	sehr gut
*****	=	hervorragend

D.O. Ribera del Duero

Region / Weinsorten

Kastilien-León. D.O. seit 1982. Teils die besten Weine Spaniens produzierend, investiert man viel in neue Produktionsanlagen. Höhenlagen 800 bis 900 m. Gute Rosés (Crianzas). Die vollen Rotweine treffen internationalen Geschmack. Heimat des legendären Weingutes Vega Sicilia.

Klima / Bodenverhältnisse

Kontinentales Klima; heiße Sommer, sehr kalte und lange Winter. In Niederungen Schwemmland, sonst Kalkstein.

Rebsorten

Weiß: Albillo.
Rot: Cabernet-Sauvignon, Garnacha Tinta, Malbec, Merlot, Tempranillo, Tinta del Pais.

Jahrgangstabelle:

1970	*****	1986	*****
1971	*	1987	****
1972	**	1988	***
1973	****	1989	*****
1974	***	1990	***
1975	***	1991	****
1976	****	1992	***
1977	*	1993	**
1978	**	1994	****
1979	***	1995	*****
1980	*****	1996	*****
1981	*****	1997	***
1982	****	1998	****
1983	****	1999	*****
1984	**	2000	****
1985	*****	2001	*****

*	=	mangelhaft
**	=	durchschnittlich
***	=	gut
****	=	sehr gut
*****	=	hervorragend

D.O.Ca. Rioja

Region / Weinsorten

D.O.Ca. seit 1991 (D.O. 1925). 3 Unterbezirke: **Rioja Alta**, **Rioja Alvaesa** und **Rioja Baja**. Eichenholzwürzige, faßausgebaute Rote; leichte, fruchtige Weiße (ohne Faß). Die Roten werden heute nicht mehr allzu lange im Faß ausgebaut und reifen in der Flasche, wodurch sie früher trinkreif, aber nicht mehr so lange lagerfähig sind.

Klima / Bodenverhältnisse

Kontinentales Klima; im Norden leichter Atlantik-Einfluß (positiv). Schwemmland am Rio Ebro, sonst kalkiger Lehmboden.

Rebsorten

Weiß: Garnacha Blanca, Malvasia, Viura.
Rot: Garnacha, Garnacha Tinto, Graciano, Mazuelo, Tempranillo.

Jahrgangstabelle:

1970	****	1986	***
1971	*	1987	****
1972	*	1988	***
1973	***	1989	***
1974	***	1990	***
1975	****	1991	****
1976	***	1992	***
1977	**	1993	***
1978	****	1994	*****
1979	**	1995	*****
1980	***	1996	****
1981	****	1997	***
1982	*****	1998	****
1983	***	1999	***
1984	**	2000	***
1985	***	2001	*****

*	=	mangelhaft
**	=	durchschnittlich
***	=	gut
****	=	sehr gut
*****	=	hervorragend

D.O. Rueda

Region / Weinsorten

Kastilien-León. Weißwein-D.O. seit 1991. Die leicht aufgespriteten Weine ähneln Sherry. Der typische honigfarbene **Rueda** hat um die 15%. Neuerdings auch kalt fermentierte, frische Weißweine und den **Rueda Espumoso**, ein min. 9 Monate gereifter Schaumwein.

Klima / Bodenverhältnisse

Kontinentales Klima; heiße Sommer, kalte Winter. Regen während der Weinbausaison ist oft ein Indiz für einen guten Jahrgang. Böden teils Schwemmland, teils kalkiger Sandstein.

Rebsorten

Weiß: Palomino, Sauvignon Blanc, Verdejo, Viura.

Jahrgangstabelle:

1970	***	1986	**
1971	**	1987	***
1972	*	1988	****
1973	***	1989	***
1974	***	1990	***
1975	***	1991	***
1976	**	1992	***
1977	**	1993	***
1978	****	1994	***
1979	***	1995	***
1980	**	1996	****
1981	****	1997	****
1982	***	1998	****
1983	***	1999	****
1984	***	2000	****
1985	***	2001	****

*	=	mangelhaft
**	=	durchschnittlich
***	=	gut
****	=	sehr gut
*****	=	hervorragend

D.O. Somontano

Region / Weinsorten

Aragón. Junge D.O. an den Pyrenäenausläufern. Inzwischen deutlicher Trend zur Qualität mit Investitionen in neue Produktionsmethoden. Trocken-fruchtige Weißweine, fruchtige, rubinrote Rotweine. Oft Eingeschränkt Lagerfähig.

Klima / Bodenverhältnisse

Kontinentales, mildes Klima. Weinbau zwischen 300 und 600 m auf lehmigen, kalkhaltigen Oberböden. Untergrund Sandstein.

Rebsorten

Weiß: Alcanón, Chardonnay, Garnacha Blanca, Gewürztraminer, Macabeo.
Rot: Cabernet-Sauvignon, Garnacha, Merlot, Mezcla, Moristel, Parraleta, Pinot Noir, Tempranillo.

Jahrgangstabelle:

1970	***	1986	***
1971	*	1987	***
1972	***	1988	***
1973	**	1989	****
1974	**	1990	***
1975	***	1991	****
1976	*	1992	****
1977	*	1993	*****
1978	***	1994	*****
1979	***	1995	*****
1980	**	1996	****
1981	***	1997	***
1982	****	1998	*****
1983	***	1999	****
1984	***	2000	****
1985	***	2001	****

*	=	mangelhaft
**	=	durchschnittlich
***	=	gut
****	=	sehr gut
*****	=	hervorragend

D.O. Tacoronte-Acentejo

Region / Weinsorten

Kanaren. D.O. seit 1992. Erste D.O. der kanarischen Inseln (Teneriffa). Frische, rote Vinos Joven. Selten faßgereifte Rote. Einige Rosés. Weißweinproduktion ansteigend. Eingeschränkt Lagerfähig. Experimente mit Merlot, Pinot Noir, Syrah und Tempranillo.

Klima / Bodenverhältnisse

Subtropisches Klima; warme Sommer, sehr milde Winter. Lehmige Oberschicht, Untergrund vulkanisch.

Rebsorten

Weiß: Forastera blanca, Gual, Listán Blanca, Malvasia, Marmajuelo, Moscatel, Pedro Ximénez, Verdello, Vijariego.
Rot: Listán Negro, Malvasia Rosada, Moscatel Negro, Negramoll, Tintilla.

D.O. Tacoronte-Acentejo

Jahrgangstabelle:

1991	***	1997	****
1992	****	1998	****
1993	***	1999	**
1994	***	2000	****
1995	****	2001	****
1996	***	2002	

*	=	mangelhaft
**	=	durchschnittlich
***	=	gut
****	=	sehr gut
*****	=	hervorragend

D.O. Tarragona

Region / Weinsorten

Größte D.O. Kataloniens. 3 Unterbereiche: **Camp de Tarragona**, **Falset** und **Ribera d'Ebre**. Fruchtige Rosés und Weißweine geringer Lagerfähigkeit. Die Roten sind kräftig und voll. **Clásico Licorosos** sind süße, 12 Jahre faßgereifte Dessertweine.

Klima / Bodenverhältnisse

Mediterranes Klima, in Höhenlagen abgeschwächter Einfluß; Böden in Niederungen Schwemmland, Oberschicht kalkiger Lehm. Falset: Lehm auf Granit.

Rebsorten

Weiß: (Tarragona Campo) Chardonnay, Garnacha Blanca, Macabeo, Parellada, Xarel-lo.
Rot: Cabernet-Sauvignon, Garnacha, Mazuela, Merlot, Tempranillo.

Jahrgangstabelle:

1970	***	1986	***
1971	**	1987	***
1972	*	1988	****
1973	***	1989	***
1974	***	1990	***
1975	***	1991	***
1976	***	1992	***
1977	**	1993	***
1978	*****	1994	***
1979	***	1995	****
1980	***	1996	****
1981	*****	1997	****
1982	***	1998	****
1983	**	1999	****
1984	***	2000	****
1985	***	2001	*****

*	=	mangelhaft
**	=	durchschnittlich
***	=	gut
****	=	sehr gut
*****	=	hervorragend

D.O. Terra Alta

Region / Weinsorten

Katalonien. D.O. mit robusten, alkoholischen Rotweinen. Inzwischen merklicher Trend zur Qualität. Investitionen in neue Produktionsmethoden. Traditionelle, aufgespritete Rancio-Weine, hoher Anteil an leichtem, trockenem Weißwein. Oft nur eingeschränkt Lagerfähig.

Klima / Bodenverhältnisse

Kontinentales Klima mit mediterranem Einfluß; heiße Sommer, teils sehr kalte Winter. Optimale Bodenqualität; tiefe Oberschicht, Untergrund Kalk / Lehm.

Rebsorten

Weiß: Chardonnay, Garnacha Blanca, Macabeo, Parellada.
Rot: Carinena, Garnacha Negra, Garnacha Peluda, Marzuela, Tempranillo.

Jahrgangstabelle:

1988	*****	1995	****
1989	***	1996	*****
1990	***	1997	****
1991	****	1998	*****
1992	****	1999	*****
1993	***	2000	****
1994	****	2001	*****

*	=	mangelhaft
**	=	durchschnittlich
***	=	gut
****	=	sehr gut
*****	=	hervorragend

D.O. Toro

Region / Weinsorten

Kastilien-León. D.O. in einer der trockensten Zonen Spaniens mit leichten, fruchtig-frischen Rosé- und Weißweinen. Sehr alkoholische, körperreiche Rotweine mit ordentlichem Alterungspotenzial. Experimente mit Cabernet-Sauvignon und Merlot.

Klima / Bodenverhältnisse

Kontinentales, sehr trockenes Klima; lange heiße Sommer, sehr kalte Winter. Fruchtbarer Boden in der Oberschicht, Untergrund teilweise Kalk.

Rebsorten

Weiß: Malvasia, Verdejo.
Rot: Garnacha, Tinta de Toro.

Jahrgangstabelle:

1988	***	1995	****
1989	****	1996	****
1990	***	1997	***
1991	*****	1998	****
1992	***	1999	*****
1993	****	2000	*****
1994	*****	2001	*****

*	=	mangelhaft
**	=	durchschnittlich
***	=	gut
****	=	sehr gut
*****	=	hervorragend

D.O. Utiel-Requena

Region / Weinsorten

Valencia. D.O. seit 1957. Früher schwere Verschnittweine (**Doble Pasta**). Inzwischen Trend zur Qualität. Leichte Rosés, kräftige Rotweine. Investitionen in neue Produktionsmethoden. Eingeschränkt Lagerfähig. Teilweise gute Crianzas. Experimente mit Sauvignon Blanc und Syrah.

Klima / Bodenverhältnisse

Kontinentales Klima; heiße Sommer, kalte Winter. Hohe Temperaturschwankungen mit Auswirkungen auf die Faßreife und damit auf die Lagerfähigkeit. Oberboden Mergel und Lehm, Untergrund Sandstein.

Rebsorten

Weiß: Macabeo, Merseguera, Panta Nova. **Rot**: Bobal, Cabernet-Sauvignon, Garnacha, Merlot, Tempranillo.

D.O. Utiel-Requena

Jahrgangstabelle:

1971	**	1987	****
1972	**	1988	***
1973	**	1989	**
1974	***	1990	***
1975	***	1991	***
1976	*	1992	****
1977	**	1993	*****
1978	***	1994	****
1979	**	1995	***
1980	***	1996	****
1981	****	1997	***
1982	****	1998	****
1983	****	1999	****
1984	***	2000	****
1985	***	2001	*****
1986	**	2002	

* = mangelhaft
** = durchschnittlich
*** = gut
**** = sehr gut
***** = hervorragend

D.O. Valdepenas

Region / Weinsorten

Kastilien-La Mancha. D.O. mit Tradition (seit 1925). Weißweine fruchtig-frisch und wie die Rosés recht kurzlebig. Rotweine werden teilweise mit weißen Trauben aufgehellt. Zwischenzeitlich Investitionen in neue Produktionsmethoden.

Klima / Bodenverhältnisse

Extremes Kontinentalklima; sehr heiße, trockene Sommer (bis +45°C), kalte Winter (bis ¡ 15°C). Ordentliche Bodenqualität; steinige Oberschicht (Kalk / Ton / Kreide), Untergrund Kalk.

Rebsorten

Weiß: Airén, Macabeo.
Rot: Cabernet-Sauvignon, Cencibel, Garnacha.

Jahrgangstabelle:

1970	*****	1986	***
1971	*	1987	****
1972	**	1988	****
1973	****	1989	*****
1974	**	1990	****
1975	***	1991	****
1976	*	1992	***
1977	***	1993	*****
1978	*	1994	***
1979	*	1995	****
1980	****	1996	****
1981	*****	1997	***
1982	***	1998	****
1983	****	1999	****
1984	*****	2000	****
1985	**	2001	*****

*	=	mangelhaft
**	=	durchschnittlich
***	=	gut
****	=	sehr gut
*****	=	hervorragend

D.O. Valdeorras

Region / Weinsorten

Galizien. D.O. mit 3 Unterbereichen: **Rú-Petin**, **Larouco** und **El Barco de Valdeorras**. Früher Produktion einfacher Landweine (Vino corriente). Inzwischen Trend zur Qualität. Investitionen in neue Produktionsmethoden. Saubere Weißweine, leichte, duftige Rotweine. Eingeschränkt Lagerfähig.

Klima / Bodenverhältnisse

Kontinentales Klima mit Atlantikeinfluß. Am Rio Sil Schwemmland, sonst Kalkstein.

Rebsorten

Weiß: Dona Blanca, Godello, Palomino.
Rot: Albarello, Garnacha Tintorera, Gran Negro, Mencia, Merenzao, Negreda, Tempranillo.

Jahrgangstabelle:

1981	****	1992	***
1982	****	1993	**
1983	***	1994	****
1984	***	1995	***
1985	**	1996	***
1986	***	1997	*****
1987	***	1998	***
1988	***	1999	****
1989	***	2000	****
1990	***	2001	****
1991	****	2002	

*	=	mangelhaft
**	=	durchschnittlich
***	=	gut
****	=	sehr gut
*****	=	hervorragend

D.O. Valencia

Region / Weinsorten

D.O. mit 3 Unterbereichen: **Alto-Turia**, **Clariano** und **Valentino (ehemalige D.O. Cheste**). Weißweine trocken bis süß, leichte Rosés, ordentliche Rote (oft als Crianza). Vollmundige Dessertweine.

Klima / Bodenverhältnisse

Mediterranes Klima. Kontinentaleinfluß. Im Hinterland gutes Mikroklima. Böden meist Lehm oder Sand auf Kalk.

Rebsorten

Weiß: Chardonnay, Macabeo, Malvasia, Merseguera, Moscatel de Alejandria, Pedro Ximénez, Planta de Fina de Pedralba, Planta Nova, Tortosi, Verdil.
Rot: Bobal, Cabernet-Sauvignon, Forcallat, Garnacha, Merlot, Monastell, Pinot Noir, Tempranillo, Tintorera.

Jahrgangstabelle:

1971	**	1987	***
1972	***	1988	**
1973	***	1989	**
1974	***	1990	***
1975	***	1991	***
1976	**	1992	***
1977	***	1993	****
1978	**	1994	****
1979	*****	1995	***
1980	***	1996	****
1981	****	1997	***
1982	***	1998	****
1983	****	1999	****
1984	***	2000	****
1985	***	2001	****
1986	***	2002	

*	=	mangelhaft
**	=	durchschnittlich
***	=	gut
****	=	sehr gut
*****	=	hervorragend

D.O. Vinos de Madrid

Region / Weinsorten

D.O. seit 1990. Umgebung von Madrid. 3 Unterbezirke: **Arganda**, **Navalcarnero**, **San Martin de Valdeiglesias**. Früher nur einfache Landweine für den regionalen Verbrauch. Heute leichte, fruchtige Weiß-, Rosé- und Rotweine ordentlicher Qualität.

Klima / Bodenverhältnisse

Kontinentalklima; heiße Sommer, kalte Winter. Boden: Arganda: lehmige Oberschicht, Untergrund Granit; Navalcarnero: sandige Oberschicht, Untergrund Sandstein / Ton; S. Martin de Valdeiglesias: humöser Oberboden, Untergrund Granit.

Rebsorten

Weiß: Airén, Albillo, Macabeo, Malvar.
Rot: Cabernet Sauvignon, Garnacha, Merlot, Tempranillo, Tinto Fino.

Jahrgangstabelle:

1987	****	1995	***
1988	**	1996	***
1989	***	1997	***
1990	***	1998	****
1991	***	1999	****
1992	***	2000	****
1993	***	2001	****
1994	****	2002	

*	=	mangelhaft
**	=	durchschnittlich
***	=	gut
****	=	sehr gut
*****	=	hervorragend

D.O. Ycoden-Daute-Isora

Region / Weinsorten

Kanaren. D.O. seit 1994. Früher nur Vino Comarcal. Aufgespritete Weiße („**Canary Sack**), leichte, fruchtige Weiß-, Rosé und Rotweine. Erstere von alten Trauben mit Pfirsicharoma (seltene Rarität).

Klima / Bodenverhältnisse

Subtropisches Klima. Weinberge bis 1000 m. Boden: lehmige Oberschicht, Untergrund vulkanisch.

Rebsorten

Weiß: Bastardo blanco, Bermejuela, Forastera blanca, Gual, Listán blanco, Malvasia, Moscatel, Pedro Ximénez, Sabro, Torrontés, Verdello,Vijariego.
Rot: Bastardo Negro, Listán Negro, Malvasia Rosada, Moscatel Negra, Negramoll, Tintilla, Vijariego Negra.

D.O. Ycoden-Daute-Isora

Jahrgangstabelle:

1994	****	1998	****
1995	****	1999	*****
1996	****	2000	****
1997	****	2001	****

*	=	mangelhaft
**	=	durchschnittlich
***	=	gut
****	=	sehr gut
*****	=	hervorragend

D.O. Yecla

Region / Weinsorten

Murcia. D.O. seit 1975. Früher Produktion einfacher Landweine (Vorsicht bei älteren Jahrgängen!). Inzwischen Trend zur Qualität. Investitionen in neue Produktionsmethoden. Leichte Weißweine, fruchtige Rosés, leichte Rotweine. Eingeschränkt Lagerfähig. Teilweise Crianzas, selten Gran Reservas. Experimente mit Chardonnay und Petit Verdot.

Klima / Bodenverhältnisse

Kontinentales Klima; heiße Sommer, kalte Winter. Ordentliche Bodenqualität; humöse Oberschicht, Untergrund Ton / Kalk.

Rebsorten

Weiß: Airen, Macabeo, Merseguera.
Rot: Cabernet-Sauvignon, Garnacha, Merlot, Monastell, Syrah.

Jahrgangstabelle:

1980	**	1991	***
1981	**	1992	***
1982	***	1993	***
1983	****	1994	***
1984	***	1995	****
1985	****	1996	****
1986	***	1997	****
1987	**	1998	****
1988	***	1999	*****
1989	***	2000	*****
1990	***	2001	****

*	=	mangelhaft
**	=	durchschnittlich
***	=	gut
****	=	sehr gut
*****	=	hervorragend

Neu ausgewiesene D.O. Anbaugebiete

Bei den folgenden D.O.s handelt es sich um Anbaugebiete, deren Herkunftsbezeichnung gerade erst oder erst noch anerkannt bzw. bestätigt wird. Bitte richten Sie sich wegen der Jahrgänge nach den nächst gelegenen D.O.s.

D.O. Abona

Neue D.O. an der Südostspitze Teneriffas.

D.O. Mondéjar

D.O. nördlich Kastilien-La Manchas (bei Madrid).

D. O. Monterrei

Kleine D.O. im Süden Galiziens (Grenzgebiet zu Portugal).

Neu ausgewiesene D.O. Anbaugebiete

D.O. Manchuela

D.O. im Süden des zentralspanischen Plateaus.

D.O. Ribeira Sacra

D.O. im Zentrum Galiziens (westlich der D.O. Valdeorras).

D.O. Ribera del Guadiana

D.O. in der Extremadura (Westspanien).

D.O. Valle de Güimar

D.O. auf der Ostküste Teneriffas.

D.O. Valle de Orotava

D.O. im Zentrum Teneriffas.

Teil 2

Portugal

Einführung Portugal

Bereits die Phönizier betrieben, lange vor den Römern, in Portugal Weinbau. Das Land blickt also auf eine lange Tradition zurück. Am bekanntesten sind Portweine und Madeira, gefolgt von preiswerter Exportware wie z.B. Roséwein (Mateus). Damit ist allerdings Portugals Potential lange nicht ausgeschöpft. Viele Kellereien produzieren noch auf traditionelle, das heißt leider auch oft veraltete Art, Wein. Aber es sind auch immer öfter Tropfen außerordentlicher Qualität zu finden (beispielsweise läßt der klassische Topwein Barca Velha, aus dem oberen Duerotal durchaus Vergleiche mit Bordeauxgewächsen oder Top-Spaniern wie Vega Sicilia zu). Portugals Weine weisen sich durch rassigen Charakter und eine manchmal erstaunliche Lagerfähigkeit aus.

Portugiesische Weinfachbegriffe:

Consumo (vinho)

Einfache Landweine ohne Herkunfts- /Jahrgangsbezeichnung.

Indicação de Proviniência Regulamentada (IPR)

Übergangsweise Vorstufe zur D.O.-Herkunftsbezeichnung für Qualitätsweine.

Denominação de Origem Controlada (DOC)

Qualitätswein mit bestimmten, amtlichen Festlegungen zu regionaler Herkunft sowie Produktions- und Ausbaumethoden. Kontrollnummer und D.O.C.-Siegel auf dem Rückenetikett der Weinflasche.

Adega

Weinkellerei, Faßkeller.

Branco (vinho)

Weiß (-wein)

Doce (vinho)

Süß(-wein).

Espumante

Schaumwein.

Garrafeira

Bezeichnung für einen Top Reserva-Wein eines Händlerhauses. Mindestens 24 Monate Faßreife und 12 Monate Flaschenreife. Herkunft ist auf dem Etikett anzugeben.

Lancers

Schaumwein oder mit Kohlensäure versetzter Rosé. Meist süß.

Quinta

Weingut, Weinbaubetrieb.

Seco

Trocken

Verde

Grün. Vinhos Verdes ist ein Perlwein (Zweitgärung). Spezialität aus dem gleichnamigen DOC-Anbaugebiet.

Vinho generoso

Likörweine: Portwein, Madeira, Moscatel.

Vinho Maduro

Einfacher Alltagswein.

D.O.C. Alentejo

Region / Weinsorten

Südostportugal. Umfaßt die DOC-Appellationen

> Borba
> Evora
> Moura
> Portalegre
> Redondo
> Reguengos
> Vidigueira
> Granja-Amareleja

Produktion von fruchtigen, körperreichen Rotweinen ordentlicher Qualität; teils ungereifte Weißweine. Hoher Genossenschaftsanteil mit teils veralteter Technik.

Klima / Bodenverhältnisse

Kontinentales Klima. Böden in den Niederungen des Tejo Schwemmland. Sonst teils vulkanisch.

Rebsorten

Weiß: Antão Vaz, Maria Gomedz, Roupeiro, Tamarez.
Rot: Aragonez, Moreto, Periquita, Tinta Amarela, Trincadeira.

Jahrgangstabelle:

1970	***	1986	*
1971	****	1987	***
1972	***	1988	*
1973	**	1989	***
1974	****	1990	****
1975	*****	1991	***
1976	**	1992	***
1977	****	1993	*
1978	*****	1994	***
1979	**	1995	***
1980	*****	1996	***
1981	***	1997	****
1982	***	1998	****
1983	*****	1999	****
1984	***	2000	****
1985	****	2001	****

* = mangelhaft
** = durchschnittlich
*** = gut
**** = sehr gut
***** = hervorragend

D.O.C. Algarve

Region / Weinsorten

Südostportugal. Umfaßt DOC-Appellationen

> Lagoa
> Lagos
> Portimão
> Tavira

Produktion von Weinen einfacher Qualität, hoher Genossenschaftsanteil.

Klima / Bodenverhältnisse

Mildes, durch die unmittelbare Nähe des Atlantiks beeinflußtes Klima.
Lehmboden in Niederungen, in höheren Lagen auch Kalk.

Rebsorten

Weiß: Crato.
Rot:Castelão Francês, Periquita, Tinta Negra Mole.

Jahrgangstabelle:

1970	***	1986	*
1971	****	1987	***
1972	***	1988	*
1973	**	1989	***
1974	****	1990	****
1975	*****	1991	***
1976	**	1992	***
1977	****	1993	*
1978	*****	1994	*****
1979	**	1995	***
1980	*****	1996	***
1981	***	1997	****
1982	***	1998	*****
1983	*****	1999	*****
1984	***	2000	*****
1985	****	2001	****

*	=	mangelhaft
**	=	durchschnittlich
***	=	gut
****	=	sehr gut
*****	=	hervorragend

D.O.C. Bairrada

Region / Weinsorten

Thermalregion in Zentralportugal. Gerbstoffbetonte Rotweine von teils sehr guter Lagerfähigkeit (vor allem Baga-Rebe). Hohe Weißweinproduktion, meist zur Verarbeitung zu Schaumwein.

Klima / Bodenverhältnisse

Mildes, durch die unmittelbare Nähe des Atlantiks beeinflußtes Klima.
Fruchtbarer Lehmboden (barro) in Niederungen, in höheren Lagen auch Kalk.

Rebsorten

Weiß: Bical, Maria Gomes.
Rot: Baga, Castelão Francês, Periqita, Tinta Pinheira.

Jahrgangstabelle:

1970	***	1986	*
1971	****	1987	***
1972	***	1988	*
1973	**	1989	***
1974	****	1990	****
1975	*****	1991	***
1976	**	1992	***
1977	****	1993	*
1978	*****	1994	*****
1979	**	1995	***
1980	*****	1996	***
1981	***	1997	****
1982	***	1998	*****
1983	*****	1999	*****
1984	***	2000	*****
1985	****	2001	****

*	=	mangelhaft
**	=	durchschnittlich
***	=	gut
****	=	sehr gut
*****	=	hervorragend

D.O.C. Beira Interior

Region / Weinsorten

D.O. im Osten Portugals an der Grenze zu Spanien. Teils große Weine aus sehr alten Weinbergen. Derzeit Trend zu Investitionen in moderne Technik zur Steigerung der Qualität.

Klima / Bodenverhältnisse

Kontinentales Klima, Böden meist Urgestein (Granit).

Rebsorten

Weiß: Arinto, Cerceal, Padernã, Síria (Códega).
Rot: Rufete, Tinta Amarela, Touriga Nacional.

Jahrgangstabelle:

1981	***	1992	***
1982	***	1993	***
1983	****	1994	***
1984	***	1995	****
1985	****	1996	***
1986	***	1997	***
1987	****	1998	****
1988	***	1999	***
1989	**	2000	****
1990	***	2001	****
1991	***	2002	

*	=	mangelhaft
**	=	durchschnittlich
***	=	gut
****	=	sehr gut
*****	=	hervorragend

D.O.C. Bucelas

Region / Weinsorten

Sehr kleines Anbaugebiet (bislang nur 3 Weinbaubetriebe) im Norden Lissabons. Ordentliche Rotweine, mit die besten Weißweine Portugals. Produktion leider nur in sehr geringen Mengen, meist für den Verbrauch vor Ort (Lissabon).

Klima / Bodenverhältnisse

Durch küstennähe Klima mit starkem atlantischem Einfluß. Boden: In Niederungen Schwemmland (Sand), in den Hügeln auch Kalk.

Rebsorten

Weiß: Arinto, Boal.
Rot: Ramisco.

Jahrgangstabelle:

1981	***	1992	***
1982	***	1993	***
1983	****	1994	***
1984	***	1995	****
1985	****	1996	***
1986	***	1997	***
1987	****	1998	****
1988	***	1999	***
1989	**	2000	****
1990	***	2001	****
1991	***	2002	

*	=	mangelhaft
**	=	durchschnittlich
***	=	gut
****	=	sehr gut
*****	=	hervorragend

D.O.C. Carcavelos

Region / Weinsorten

Sehr kleines DOC-Anbaugebiet im Westen Lissabons. Fast ausschließlich Produktion von honigartig-süßen Dessertweinen. Ansonsten halbtrockene bzw. leichte Weißweine geringer Lagerfähigkeit.

Klima / Bodenverhältnisse

Durch küstennähe Klima mit starkem atlantischem Einfluß. Boden: In Niederungen Schwemmland (Sand), in den Hügeln auch Kalk.

Rebsorten

Weiß: Arinto, Boal, Galego Dourado, Padernã,

Jahrgangstabelle:

1970	***	1986	*
1971	****	1987	***
1972	***	1988	*
1973	**	1989	***
1974	****	1990	****
1975	*****	1991	***
1976	**	1992	***
1977	****	1993	*
1978	*****	1994	*****
1979	**	1995	***
1980	*****	1996	***
1981	***	1997	****
1982	***	1998	*****
1983	*****	1999	*****
1984	***	2000	*****
1985	****	2001	****

*	=	mangelhaft
**	=	durchschnittlich
***	=	gut
****	=	sehr gut
*****	=	hervorragend

D.O.C. Cister

Region / Weinsorten

Das Anbaugebiet hat seinen Namen vom Zisterzienser-Orden, der hier sein erstes Kloster auf portugiesischem Boden errichete. Neben ordentlichen Weiß- und Rotweinen werden auch hervorragende Schaumweine nach champagnermethode produziert.

Klima / Bodenverhältnisse

In den Niederungen des Douro Schwemmland.

Rebsorten

Weiß: Bical, Chardonnay, Malvasia Fina.
Rot: Pinot noir, Tinta Roriz, Touriga Francesa, Touriga Nacional.

Jahrgangstabelle:

1970	***	1986	*
1971	****	1987	***
1972	***	1988	*
1973	**	1989	***
1974	****	1990	****
1975	*****	1991	***
1976	**	1992	***
1977	****	1993	*
1978	*****	1994	*****
1979	**	1995	***
1980	*****	1996	***
1981	***	1997	****
1982	***	1998	*****
1983	*****	1999	*****
1984	***	2000	*****
1985	****	2001	****

*	=	mangelhaft
**	=	durchschnittlich
***	=	gut
****	=	sehr gut
*****	=	hervorragend

D.O.C. Colares

Region / Weinsorten

Kleineres DOC-Anbaugebiet an der Küste westlich von Lissabon. Hauptsächlich Produkion von traditionellen, schweren und tanninreichen Rotweinen. Teils gute Lagerfähigkeit.

Klima / Bodenverhältnisse

Durch küstennähe Klima mit starkem atlantischem Einfluß. Boden: In Niederungen Schwemmland (Sand), in den Hügeln auch Kalk.

Rebsorten

Weiß: Arinto, Galego Dourado, Jampal, Padernã.
Rot: Malvasia, Ramisco.

Jahrgangstabelle:

1980	****	1991	***
1981	****	1992	**
1982	***	1993	**
1983	*****	1994	***
1984	***	1995	*****
1985	*****	1996	***
1986	***	1997	***
1987	****	1998	****
1988	***	1999	***
1989	**	2000	****
1990	***	2001	****

*	=	mangelhaft
**	=	durchschnittlich
***	=	gut
****	=	sehr gut
*****	=	hervorragend

D.O.C. Dão

Region / Weinsorten

Bekanntes DOC-Anbaugebiet. “Im Zweifelsfall bestellen Sie sich einen Dão , wurde einem vor Jahren bei der Weinwahl geraten. Berechtigt war das lange Zeit nicht, da enorme Qualitätsschwankungen auftraten. Traditionelle Rotweine mit guter Lagerfähigkeit aber auch Produktion trokkener Weißweine.

Klima / Bodenverhältnisse

Positives Mikroklima durch den Schutz umliegender Bergregionen. Granitböden.

Rebsorten

Weiß: Assario Branco, Bical, Cerceal, Encruzado.
Rot: Aragonez, Bastardo, Alfrocheiro Preto, Jaen, Touriga Nacional.

Jahrgangstabelle:

1970	***	1986	****
1971	***	1987	****
1972	**	1988	*
1973	****	1989	***
1974	*****	1990	***
1975	***	1991	***
1976	**	1992	*****
1977	**	1993	**
1978	**	1994	***
1979	**	1995	*****
1980	*****	1996	****
1981	**	1997	*****
1982	***	1998	*****
1983	*****	1999	****
1984	***	2000	****
1985	*****	2001	***

*	=	mangelhaft
**	=	durchschnittlich
***	=	gut
****	=	sehr gut
*****	=	hervorragend

D.O.C. Madeira

Region / Weinsorten

Maderia ist als Insel ewigen Frühlings ein beliebtes Touristenziel. Die aufgespriteten Madeira-Weine sind weltbekannt. Die Weinanbaugebiete der Insel unterteilen sich in

> Bual

> Malmsey

Klima / Bodenverhältnisse

Atlantisches Inselklima. Böden meist Kalk, aber auch Urgestein (Vulkanisch).

Rebsorten

Boal, Bastardo, Terrantez, Tinta Negra Mole.

Jahrgangstabelle:

Da es sich bei Madeira-Weinen um verstärkte Dessertweine handelt, erübrigt sich die Jahrgangstabelle.

Die Dessertweine sind in der Regel von excellenter Lagerfähigkeit, also Jahrzehnte haltbar.

D.O.C. Palmela

Region / Weinsorten

Neu ausgewiesenes DOC-Anbaugebiet. Produktion von Rotweinen langer Lagerfähigkeit. Fruchtige, trockene Weißweine.

Klima / Bodenverhältnisse

Durch küstennähe Klima mit starkem atlantischem Einfluß. Boden: In Niederungen Schwemmland (Sandige Ebenen).

Rebsorten

Weiß: Arinto, Chardonnay, Fernão Pires, Sauvignon blanc.
Rot: Cabernet Sauvignon, Castelão Frances, Pinot noir, Merlot, Syrah

Jahrgangstabelle:

1981	***	1992	***
1982	***	1993	***
1983	****	1994	***
1984	***	1995	****
1985	****	1996	***
1986	***	1997	***
1987	****	1998	****
1988	***	1999	***
1989	**	2000	****
1990	***	2001	****
1991	***	2002	

*	=	mangelhaft
**	=	durchschnittlich
***	=	gut
****	=	sehr gut
*****	=	hervorragend

Porto - Portwein

Region / Weinsorten

Weinbautradition seit römischen Zeiten. Bereits 1756 als erstes gesetztlich geschütztes Weinanbaugebiet der Welt ausgewiesen. Neben Weißen, roten Vintage- und Tawny Portweinen und "Moscatel - Dessertweinen auch Produktion hervorragender Tischweine.

Klima / Bodenverhältnisse

Relativ hartes Klima dafür aber für Weinbau optimale Schieferböden.

Rebsorten

Weiß: Rabigato.
Rot: Tinta Barroca, Tinta Roriz, Tinto Cão, Touriga Francesa, Touriga Nacional.

Jahrgangstabelle:

1970	*****	1990	****
1975	*****	1991	****
1977	*****	1992	*****
1978	****	1993	***
1980	***	1994	*****
1982	***	1995	****
1983	***	1996	***
1984	****	1997	****
1985	****	1998	***
1987	****	1999	***
1988	**	2000	*****
1989	***	2001	****

*	=	mangelhaft
**	=	durchschnittlich
***	=	gut
****	=	sehr gut
*****	=	hervorragend

D.O.C. Oeste - Estremadura

Region / Weinsorten

Weinanbaugebiet an Portugals Westküste. Umfaßt DOC-Appellationen
> Alenquer
> Arruda
> Obidos
> Torres Vedras.

Produktion von preiswerten Weinen einfacher Qualität, hoher Genossenschaftsanteil. Experimente mit internationalen Rebsorten (Chardonnay, Cabernet Sauvignon u.a.).

Klima / Bodenverhältnisse

Positives Mikroklima und unterschiedlichste Böden.

Rebsorten

Weiß: Arinto, Fernão Pires.
Rot: Tinta Miúda, Periquita.

Jahrgangstabelle:

1970	***	1986	*
1971	****	1987	***
1972	***	1988	*
1973	**	1989	***
1974	****	1990	****
1975	*****	1991	***
1976	**	1992	***
1977	****	1993	*
1978	*****	1994	*****
1979	**	1995	***
1980	*****	1996	***
1981	***	1997	****
1982	***	1998	*****
1983	*****	1999	*****
1984	***	2000	*****
1985	****	2001	****

*	=	mangelhaft
**	=	durchschnittlich
***	=	gut
****	=	sehr gut
*****	=	hervorragend

D.O.C. Ribatejo

Region / Weinsorten

Südostportugal. Zweitgrößtes Weinanbaugebiet Portugals. Umfaßt DOC-Appellationen

> Almeirim
> Cartaxo
> Chamusca
> Coruche
> Santarém
> Tomar

Produktion von mittelschweren Rotweinen, die in Lissabon beliebt sind. Massenweine, aber auch teilweise überraschend ordentliche Qualität.

Klima / Bodenverhältnisse

Mildes Klima mit starkem atlantischem Einfluß. In Niederungen Schwemmland, teilweise auch Muschelkalk.

Rebsorten

Weiß: Arinto, Chardonnay, Fernão Pires, Sauvignon blanc.
Rot: Cabernet Sauvignon, Castelão Frances, Pinot noir, Merlot, Syrah.

Jahrgangstabelle:

1981	***	1992	***
1982	***	1993	***
1983	****	1994	***
1984	***	1995	****
1985	****	1996	***
1986	***	1997	***
1987	****	1998	****
1988	***	1999	***
1989	**	2000	****
1990	***	2001	****
1991	***	2002	

*	=	mangelhaft
**	=	durchschnittlich
***	=	gut
****	=	sehr gut
*****	=	hervorragend

D.O.C. Setúbal

Region / Weinsorten

Dieses kleine DOC-Anbaugebiet erstreckt sich südlich des Tejo. Hauptsächlich Produktion von süßen, schweren Muskateller-Dessertweinen die erst nach mindestens 6 Jahren in den Handel gelangen. Ordentliche Rotweine.

Klima / Bodenverhältnisse

Starker atlantischer Einfluß durch unmittelbare Küstennähe. Böden: Kalk, in Niederungen Schwemmland.

Rebsorten

Weiß: Fernão Pires, Moscatel de Setúbal.
Rot: Periquita

Jahrgangstabelle:

1981	***	1992	***
1982	***	1993	***
1983	****	1994	***
1984	***	1995	****
1985	****	1996	***
1986	***	1997	***
1987	****	1998	****
1988	***	1999	***
1989	**	2000	****
1990	***	2001	****
1991	***	2002	

*	=	mangelhaft
**	=	durchschnittlich
***	=	gut
****	=	sehr gut
*****	=	hervorragend

D.O.C. Vinhos Verdes

Region / Weinsorten

Das DOC Anbaugebiet erstreckt sich im Norden Portugals vom Duero bis an die spanische Grenze. Der “grüne Wein wird sowohl aus weißen wie auch aus roten Trauben gekeltert und perlt leicht. Diese Spezialität gelangt ab dem auf die Lese folgenden Frühjahr auf den Markt und sollte jung getrunken werden.

Klima / Bodenverhältnisse

Hohe Luftfeuchtigkeit durch atlantischen Einfluß. Böden: Schwemmland, Granit.

Rebsorten

Weiß: Alvarinho, Arinto, Azal Branco, Loureiro, Padernã, Trajadura.
Rot: Azal Tinto, Borraçal, Espadeiro, Sousão.

Jahrgangstabelle:

1970	***	1986	*
1971	****	1987	***
1972	***	1988	*
1973	**	1989	***
1974	****	1990	****
1975	*****	1991	***
1976	**	1992	***
1977	****	1993	*
1978	*****	1994	*****
1979	**	1995	***
1980	*****	1996	***
1981	***	1997	****
1982	***	1998	*****
1983	*****	1999	*****
1984	***	2000	*****
1985	****	2001	****

*	=	mangelhaft
**	=	durchschnittlich
***	=	gut
****	=	sehr gut
*****	=	hervorragend

Über den Autor

Beruflich als Manager im Umfeld immobiler Großprojekte tätig, beschäftigt sich Thomas Hesele in seiner Freizeit neben Schreiben mit europäischen Weinen. So verbringt er zum Beispiel mehrere Wochen im Jahr an der spanischen Levante, von wo aus er seine vinophilen Exkursionen in die Weinbaugebiete Spaniens startet. Neben der Welt des Weines gehört seine Leidenschaft aber auch den kulinarischen Reizen Europa, das er schon seit seiner Jugend bereist....

Hinweis

Neben dem vorliegenden Werk sind von Thomas Hesele bisher erschienen:

- **Die spanischen Weinjahrgänge**
  Die D.O.-Anbaugebiete seit 1970.
  ISBN 3-8311-3766-8
- **Die Weinjahrgänge Deutschland, Österreich und Schweiz**
  Die Anbaugebiete seit 1970
  ISBN 3-8311-4780-9

In Kürze erscheinen:

- **Die Weinjahrgänge Frankreich**
  Die A.O.C.-Anbaugebiete seit 1970.
- **Die Weinjahrgänge Italien**
  Die D.O.C.-Anbaugebiete seit 1970.
- **Die Weinjahrgänge Australien, Amerika und Süd-Afrika**
- **Valencia**
  Ein kulinarischer Reiseführer
- **Straßburg**
  Ein kulinarischer Reiseführer